새번역/개역 사도신경

목차

1. 나는 전능하신 아버지 하나님 / 전능하사 천지를 만드신 하나님 · 2
2. 나는 그의 유일하신 아들 / 그 외 아들 우리 주 예수 · 4
3. 본디오 빌라도에게 고난을 받아 / 본디오 빌라도에게 고난을 받으사 · 6
4. 하늘에 오르시어 전능하신 / 하늘에 오르사 전능하신 · 8
5. 거기로부터 살아 있는 자와 / 저리로서 산 자와 죽은 자를 · 10
6. 나는 성령을 믿으며 거룩한 공교회와 / 성령을 믿사오며 거룩한 공회와 · 12
7. 몸의 부활과 영생을 / 몸이 다시 사는 것과 영원히 · 14

🟩 사도신경을 읽고 따라서 쓰고, 암송해 보세요

🟩 한글이나 영어로 직접 써 보세요.

새번역

나는 전능하신 아버지
하나님을 믿습니다.

I believe in God, the Father Almighty,
Maker of heaven and earth.

개역

전능하사 천지를
만드신 하나님을

🟩 사도신경을 읽고 따라서 쓰고, 암송해 보세요

🟩 한글이나 영어로 직접 써 보세요.

새번역

나는 그의 유일하신 아들, 우리 주 예수 그리스도를 믿습니다. 그는 성령으로 잉태되어 동정녀 마리아에게서 나시고,

and in Jesus Christ, His only Son our Lord, who was conceived by the Holy Spirit, born of the Virgin Mary,

개역

그 외아들 우리 주 예수 그리스도를 믿사오니 이는 성령으로 잉태하사 동정녀 마리아에게 나시고,

🟩 사도신경을 읽고 따라서 쓰고, 암송해 보세요

🟩 한글이나 영어로 직접 써 보세요.

새번역

개역

🟩 사도신경을 읽고 따라서 쓰고, 암송해 보세요

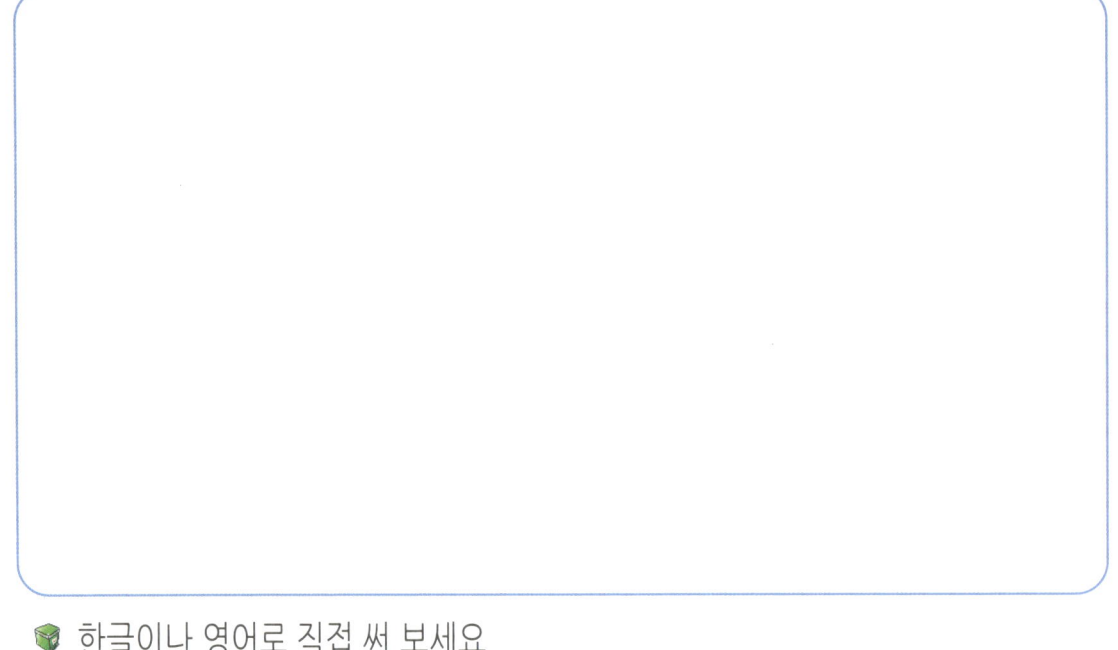

🟩 한글이나 영어로 직접 써 보세요.

새번역

개역

🟩 사도신경을 읽고 따라서 쓰고, 암송해 보세요

🟩 한글이나 영어로 직접 써 보세요.

새번역

개역

🟩 사도신경을 읽고 따라서 쓰고, 암송해 보세요

🟩 한글이나 영어로 직접 써 보세요.

새번역

개역

🟩 사도신경을 읽고 따라서 쓰고, 암송해 보세요

🟩 한글이나 영어로 직접 써 보세요.

새번역

멘.

the resurrection of the body and the life everlasting.

Amen.

개역

는 소망 줄나가 느저

이우정 작가

약력

서울에서 태어났으며 오랫동안 어린이 책, 시사잡지, 신앙도서 등 여러 지면에 그림을 그려왔습니다. 사랑하는 어린이들에게 예수님을 전하는 꿈을 안고 지금도 아름다운 신앙 그림을 그리고자 노력하고 있습니다.

주요 작품으로는 '우리가 알아야 할 우리 이야기 100가지', '참 부자로 만드는 돈이야기', '아기 하마를 찾아라', '삼국지 고사성어', '우리 아이 첫 색칠성경' 등과 창작 그림 묵상집 '나는 하나님의 소중한 작품이에요'가 있습니다. 현재 양수리에서 시도 쓰며 작품 생활하고 있습니다.

믿음쑥쑥 지혜쏙쏙 듣고 따라쓰며 색칠하는 그림성경

새번역/개역 사도신경 별책 2

초판 4쇄	인　쇄 · 2025년 10월 27일	
	발　행 · 2025년 10월 31일	

그　림 · 이우정
발 행 인 · 황경자
발 행 처 · 도서출판 일오삼
주　소 · 서울특별시 중랑구 동일로 107길 12
전　화 · (02)964-6993 / Fax (02) 2208-0153
등　록 · 제 5-485호
메　일 · books153@hanmail.net

ISBN 978-89-89236-26-9
ISBN 978-89-89236-65-8(셋트)

※ 이 책에 인용된 영어는 NIV를 사용하였습니다. 이책의 저작권은 저자가 소유하고 있습니다. 저자와 출판사의 사전 승인없이 책의 내용이나 그림등을 복제, 사용할 수 없습니다.
※ 파본은 교환해 드립니다.